Brüggemann · Klinkusch Liebe dein Leben

Liebe dein Leben

Texte von Hermann Brüggemann
zu den Bildern von Wolfgang Klinkusch

Herder Freiburg · Basel · Wien

Ändere das Leben,
beginne aber
nicht bei den anderen,
sondern
bei dir,

denn

Unser Leben,
unser Glück
hängt ab von unserer Einstellung
zu uns selbst,
zu den Mitmenschen
und zum Du.

Steine, Felsen,
grauer Alltag
ist überall.
Überall aber,
auch im Schatten,
ist Leben,
ist Freude,
ist Glück möglich.
Mühsam manchmal,
langsam,
aber ein kleiner Platz
ist immer da.

Auch auf felsigem Boden
Halt finden.

Auch zwischen Steinen
wachsen und blühen.

Auch in karger Umgebung
Wurzeln schlagen.

Auch auf Trümmern
neu beginnen.

Auch im Dunkeln
Licht sein.

Träumen,
die Stille, die Ruhe,
die Einsamkeit
genießen
und nutzen,
um Ich zu sein,
um Kraft zu schöpfen,
um neu beginnen zu können.

Schnee, Kälte, Last
und doch
nicht geknickt,
nicht umgeworfen,
nur gebeugt
und gestärkt,
denn
die Sonne,
die Kraft,
der Frühling
kommt wieder.

Tränen,
Trauer,
Mitfühlen,
Mitleiden,

aber

Trübsal,
eingedrungen ins Innere,
zerstört
dein Herz,
deinen Mut,
deine Hoffnung,
dein Leben.

Nicht treibenlassen,
nicht Sandkorn sein,
Spielball des Windes,

den
eigenen Weg
suchen,
entdecken,
gehen.

Wasser, Mauern,
Hindernisse.
Was für den einen
unüberwindbar
scheint,
durchschreitet
der andere
fast
mühelos.

Alles
eine Frage
der Perspektive.

Alles
ist machbar
sagten die Menschen.
Alles!

Aber die Spur
ihres Wirkens
ist nicht
zu übersehen.

Ist alles
machbar?

In Dunkelheit,
in schweren Zeiten,
nicht auf mich
allein gestellt.
Hoffend,
bittend,
betend.

Wir leben
in einem Meer von Zeit:

Die Vergangenheit
wollen wir aufhalten,

die Zukunft
kommt uns zu langsam,

nur die Gegenwart
vergessen wir oft.

Aber nur
in der Gegenwart
leben wir
wirklich.

Leben heißt
sich kennen, sich erfahren,
nicht
in sich eingeschlossen
bleiben.
Leben heißt
aus dem Dunkel
heraustreten,
das eigene Leben
den anderen öffnen.

Obwohl
die Zahl der Menschen
ständig zunimmt,
sind wir
bei näherem Hinsehen
doch noch
weit
voneinander entfernt.

Nebel,
Dunkelheit,
Schatten.

Vorurteile
entstehen oft
unbemerkt
durch ungenaues
Hinsehen,
Hinhören.

Schärfen und Spitzen,
deutlich und spürbar,
bei Menschen
in unserer Nähe.

Oder liegt es an uns?
Sind wir nur
so leicht zu verletzen?

Zuwendung
heißt Mut,
auch gegenüber
eigenen Schwächen.

Gefühle,
scheinbar nicht gefragt
in unserer Welt,
sind doch
der einzige Weg,
die wartenden Hände
der Mitmenschen
zu fassen.

Nicht meßbar,
aber fühlbar.

Umgeben
von Dingen,
die unser Gesicht
verstellen,
die unsere Gefühle
erfrieren.
Welche Veränderung
wäre möglich
durch ein bißchen Sonne.

Schatten
täuschen oft
über die wahre Größe,
denn
sie geben nur
den Stand
der Sonne
an.

Pflanzen
teilen auch kleinsten Besitz,
denn viele Wurzeln
verstärken
den Halt,
ermöglichen
Leben.

Die Wolke, der Augenblick
ziehn vorbei,
für immer,
unwiderruflich:

Zeit nehmen
Zeit haben
Zeit lassen.

Zusehen
Zuhören
Zusprechen.

Mitgehen
Miterleben
Mitfühlen.

Platz lassen,
Platz machen,
Platz sein
für andere,
Schwächere,
Kleinere.
Ohne
nach Nutzen
zu fragen.
Nur so.

Im Mittelpunkt stehen,
andere überragen,
überlegen sein.

Wie lange schon?
Wie lange noch?
Warum?
Wofür?

Aufeinander zugehen,
miteinander sprechen,
Gemeinsames entdecken,
Gemeinsames tun
und
die Zäune
der Mißverständnisse,
der Voreingenommenheit,
der Reserviertheit
fallen
von selbst.

Liebe,
Quelle strömenden Glücks,
greifbar,
und doch unbegreifbar,
abgrundtief,
und doch haltend,
unermeßbar,
unaussprechbar.

Äußeres
erweckt
Aufmerksamkeit.

Faszination,
Zuneigung,
Liebe,
entsteht
durch einen Blick
ins Innere.

Das Wagnis Liebe,
sich zu verlieren,
ohne Gewißheit, gefunden zu werden,
sich total einzulassen
mit dem Risiko der Enttäuschung,
sich zu verschenken
ohne den anderen zu verpflichten,
ist die einzige Möglichkeit,
den anderen zu gewinnen,
um nicht
am Ufer
stehenzubleiben.

Verbundenheit, Liebe,
Zustand unendlichen Glücks,
geheimnisvoll,
faszinierend,
aber auch
stetes Wachsen,
Bemühen,
den anderen
neu
zu erleben.

Du!

Nicht Abbild
meiner Vorstellungen.

Als Person
wahrgenommen,
ernstgenommen,
nicht als
Idee.

Schutz geben,
ohne zu erdrücken,
Wärme ausstrahlen,
ohne zu verbrennen.

Halten,
nicht fallenlassen,
halten,
nicht wegwerfen,
halten,
nicht besitzen.

Schatten spenden,
wenn die Sonne brennt.
Schutz geben,
wenn es regnet.
Gleiches erhoffend,
aber nicht
fordernd.

Bewährung,
Zuverlässigkeit
zeigt sich
nicht im Frühling,
wenn Blätter und Blüten
in der Sonne schimmern,
sondern im Herbst,
wenn die Blätter fallen
oder im Winter,
wenn Schnee und Eis
die Zweige bedecken.

Gefühle erkalten
Gefühle erfrieren

selten
durch Worte
und Streit

oft
durch Gedankenlosigkeit
und Alltag.

Erinnerungen

Erfahrungen

notwendig
auf dem Weg
zum Ich.

Achte Auflage

Reproduktionen: H. u. H. Schaufler, Freiburg
Herstellung: Freiburger Graphische Betriebe 1993
ISBN 3-451-23167-0